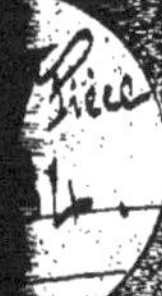

VILLE DE RUEIL

EXPOSITION

DE

BEAUX-ARTS

Sous le patronage de la Municipalité

et la

Présidence du Maire, M. le Dr BOUILLET

1893

PRIX : 30 centimes

PARIS

IMPRIMERIE ET LIBRAIRIE ADMINISTRATIVES

PAUL DUPONT

VILLE DE RUEIL

EXPOSITION

DES

BEAUX-ARTS

Sous le patronage de la Municipalité

ET LA

Présidence du Maire, M. le Dʳ BOUILLET

1893

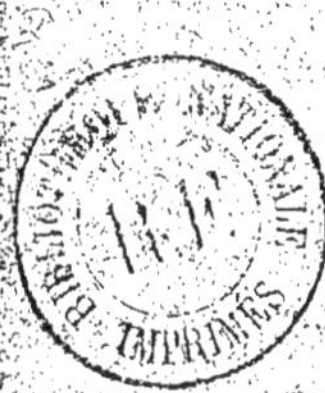

Prix : **30** CENTIMES

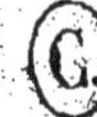

PARIS

IMPRIMERIE ET LIBRAIRIE ADMINISTRATIVES

PAUL DUPONT

4 — RUE DU BOULOI — 4

(G.)

COMITÉ

MEMBRES DU JURY

Président :

M. GUILLEMET ✻

Vice-Présidents :

M. Gustave MAINCENT, | M. TOURGUENEFF.

Membres du Comité :

MM. Ed. GARNIER,
Armand SILVESTRE ✻,
BAILLET,
Ed. LEPELLETIER ✻,
SAINTPIERRE,

MM. BOUTIGNY,
ROULLEAU,
O. MONTPROFIT,
JOURDEUIL,
Louis PRETET ✻.

Commissaire général :

M. Louis PRETET, ✻ O. I. ❀.

Commissaire général adjoint :

M. Ch. FRÈRE.

Secrétaires :

M. Georges MARYE, | M. Charles DROT.

CATALOGUE

ANCILLOTTI (Torello), né à Florence, élève de l'Académie des beaux-arts de Florence. — Méd. (e. u.), Dijon, Cherbourg, Pise, Florence. — Rue Laferrière, 10, à Paris.

1 — *Solitude; — sculpture.*

AUB (Mary), né à Valenciennes, élève de F. Barrias. — Méd. argent, province. — Boulevard de Clichy, 6, à Paris.

2 — *La Pensive.*
3 — *Vieille paysanne.*
4 — *Liseuse.*
5 — *Pivoines.*

AUBRYET (Maurice), né à Pierry, élève de J. Lefèvre et Eugène Le Roux. — Boulevard de la Reine, 84, à Versailles.

6 — *Vue du Tréport.*

BAFFIER (Eugène). — Rue Lebouis, 6, à Paris.

7 — *Greffeur; — statuette, bronze.*
8 — *L'épine; — bas-relief.*
9 — *Porte-bijoux; — étain*

BAILLET (Ernest), né à Brest, élève de Samier et Pelouze. — 3e méd. 1883; 2e méd. 1891. — Rue de Saint-Pétersbourg, 32, à Paris.

10 — *Chardons au bord de la Seine.*
11 — *Femme en bateau; — projet de décoration.*

BALLAVOINE (JULES-FRÉDÉRIC), né à Paris, élève de Pils. — Méd. 3e cl. — Avenue de Wagram, 32, à Paris.

12 — *L'appel.*
13 — *La pêche.*
14 — *Fille d'Eve.*

BALLOT (GEORGES-HENRI), né à Paris, élève de Bouguereau. — Rue Visconti, 20, à Paris.

15 — *Falaise de Mers.*
16 — *Intérieur d'atelier.*

BARRÉ (ARISTIDE), né à Paris, élève de Cabanel. — Rue d'Orchampt, 10, à Paris.

17 — *Le réveil; — étude de nu.*
18 — *Un bout de causette.*
19 — *Un vase renaissance; — argent repoussé.*

BEAUVAIS (ARMAND), né à Bar-sur-Aube. — H. C. — Rue Denfert-Rochereau, 18, à Paris.

20 — *Environs de Cayeux (Somme).*

BENNER (EMMANUEL), né à Mulhouse. — M. H. 1879; méd. 3e cl. 1881; méd. 3e cl. (E. U.) 1889. — Rue de la Chaussée-d'Antin, 23, à Paris.

21 — *Alsacienne au rouet.*
22 — *Une rue à Tunis.*

BENNER (JEAN), né à Mulhouse, élève de Pils. — H. C. — Boulevard de Clichy, 71, à Paris.

23 — *Une cour à Capri.*

BENOIT-LÉVY (JULES), né à Paris, élève de Boulanger, Jules-Lefèvre et Doucet. — Rue Saint-André-des-Arts, 37, à Paris.

24 — *Deux études à Saint-Brieuc.*
25 — *Etude au bord du Paillon; — Nice.*

BERGERET (PIERRE-DENIS), né à Villeparisis (Seine-et-Marne), élève d'Isaber. — Méd. 3e cl. 1875; 2e cl. 1877; 2e cl. (E. U.) 1889. — Rue Victor-Massé, 26 (avenue Frochot, 4 *bis*), à Paris.

26 — *Nature morte.*

BESNARD (Paul-Albert)✳, né à Paris. — Prix de Rome 1874; méd. 3e cl. 1874, 2e cl. 1880. — **H. C.** — (E. U.) 1889.

27 — *Nocturne.*
28 — *Etude.*

BINARD (Eugène), né à Niort (Deux-Sèvres), élève Ch. Kunasseg. — Rue des Calèches, 13, à Chatou.

29 — *Marée basse à Fourras (Charente-Inférieure).*

BIRONNEAU-DUPRÉ (Mme Marie), né à Paris, élève de T. Robert-Fleury et J. Donnadieu. — Méd. en France et à l'étranger. — Rue Pigalle, 10, à Paris.

30 — *Fruits exotiques; — pastel.*

BIVA (Henri), né à Paris, élève d'Alexis Nozal et Léon Tanzi. M. H. — Rue du Château-d'Eau, 72, à Paris.

31 — *Pavots.*
32 — *Saint-Cloud.*

BIVA (Paul), né à Paris. — Rue d'Hauteville, 12, à Paris.

33 — *Pensées; — peinture.*
34 — *Coquelicots; — aquarelle.*

BLIGNY (Albert), né à Château-Thierry (Aisne), élève de Bonnat. — Rue Hermel, 14, à Paris.

35 — *En reconnaissance; — voltigeurs du premier Empire.*
36 — *18 juin 1815.*

BLONDEL (Mlle Marguerite), née à Gésus-le-Gaudalès (Sarthe), élève de Thorel et de Mlle L'Ecuyer de Villers. — Avenue de Paris, 140, à Rueil.

37 — *Pivoines.*
38 — *Eventail.*

BOCHER (Mme Henri), née à Paris, élève de Lafruffe-Colomb. — Rue Parallèle, 17, à Croissy, et Chaussée-d'Antin, 27, à Paris.

39 — *Inséparables; — aquarelle.*
40 — *8 miniatures sur ivoire, dont 4 broches.*

BOETZEL (Ernest-Philippe), né à Sarre-Union (Bas-Rhin).
— **H. C.** — Boulevard de Clichy, 34, à Paris.

41 — *Energy; — pastel.*
42 — *Chiens d'arrêt; — fusain.*

BOLLING (Mlle Sigrid), née à Christiania, élève de Jourdeuil. — Rue Lafayette, 95, à Paris.

43 — *La citadelle de Dieppe.*
44 — *Au vieux moulin; — Normandie.*

BONNEFOY (Adrien-Adolphe), né à Paris, élève de Jean-Paul Laurens. — M. H. et méd. argent, Versailles. — Rue de Bretonvilliers, 3, à Paris.

45 — *Plage de Mers.*
46 — *La vague.*
47 — *Rue de Blois; — 2 dessins même cadre.*

BOUCHARD (Paul), né à Paris, élève de Boulanger, J. Lefèvre et Cormon. — M. H. — Rue de Calais, 12, à Paris.

48 — *Carmosine.*
49 — *Une almée.*

BOUCHÉ (Louis-Alexandre), né à Luzancy (Seine-et-Marne), élève de Corot et Remy. — M. H. — Rue Hégésippe-Moreau, 11, à Paris.

50 — *Sainte-Aulde (Seine-et-Marne); — peinture.*
51 — *Rue de village.*

BOUILLET (Pierre), né à Crémieu (Isère), élève de Jourdeuil. — Avenue de la Mairie, à Rueil.

52 — *Route de Saint-Adrien, près Rouen.*
53 — *Bords du Rhône.*

BOURGOGNE (Georges), élève de J. Lefèvre. — Rue Saint-Jean, 27 à Douai.

54 — *Œuf à la coque.*

BOURGOGNE (Pierre), né à Paris. — **H. C.** — Rue de Brancas, 32 *ter*, à Sèvres.

55 — *Fleurs d'été.*

BOUTIGNY (Emile), né à Paris, élève de Cabanel. — **H. C.** — Rue Nollet, 56, à Paris.

56 — *Artilleur en batterie.*
57 — *Le clairon.*

BOUVET (Max), né à la Rochelle, élève de Pelouze, Cormon, Petitjean. — Boulevard Rochechouard, 57 *bis*, à Paris.

58 — *La côte fleurie; — Sainte-Marguerite.*
59 — *La route; — Saint-Briac.*

BRETHOLLON (Auguste), né à Boulogne-sur-Seine, élève de l'Ecole des Beaux-Arts (arch. u.s., s. n.). — Rue Saint-Denis, 31, à Asnières.

60 — *Projet de villas pittoresques; — aquarelle.*
61 — *Paysage sud africain; — plume.*

BRETON (Georges Fils), né à Paris, élève de Jérôme. — Boulevard des Batignolles, 50, à Paris et rue de Mantes, 60, à Saint-Germain.

62 — *Rue de la vieille ville; — à Menton (Alpes-Maritimes).*
63 — *Les Roches rouges; — à Menton (Alpes-Maritimes).*
64 — *Italie frontière (dolce aqua).; — à Menton (Alpes-Maritimes).*

BROUILLET (André), né à Charrieux (Vienne), élève de Jérôme et J.-P. Laurens. — 3e Méd. 1884, 2e Méd. 1886. — **H. C.** — Rue Blanche, 59, à Paris.

65 — *Etude de femme.*

BRUNEAU (Charles), né à Angers, élève de Cabanel. — Rue Feydeau, 28, à Paris.

66 — *Dans l'église de La Forêt; — près Concarneau.*
67 — *Sur le ponton; — à Maisons-Lafitte.*
68 — *Le soir à Saint-Pair.*

BULO (Mlle Delphine), née à Lyon, élève de Guillemet. — Rue de Clichy, 39, à Paris.

69 — *Environs de Préfailles; — Loire-Inférieure.*
70 — *Un panneau de pavots.*

BUSSIÈRE (Gaston), né à Cuisery (Saône-et-Loire), élève de Cabanel et de Puvis de Chavannes. — Avenue de Saxe, 59, à Paris.

71 — *La toilette.*

BUSSON (Charles), né à Montoire (Loir-et-Cher), élève de Français. — **H. C.** — Place Pigalle, 5, à Paris.

72 — *Un coup de vent; — paysage.*

CALVÈS (Georges)), né à Paris, élève de Guillemet. — Rue de la Tour-d'Auvergne, 44, à Paris.

73 — *Le rouleau.*

CARETTE (Georges-Emile), né à Paris. — Place des Batignolles, 3, à Paris.

74 — *Un chemin sous bois.*

CARL-ROSA (Mme Marie), né à Loudun. — 3e méd. 1893. — Rue du Bac, 40, à Paris.

75 — *Une ferme en Touraine.*

CARON (Albert), né à Paris, élève d'Armand Bernard et L. Pellenc. — Méd. bronze, blanc et noir 1892. — Rue de la Grande-Chaumière, 3, à Paris.

76 — *L'automne aux rochers Besnard; — Fontainebleau.*
77 — *Les bords du Loing près Equelles; — Seine-et-Marne.*

CARRIER-BELLEUSE (Louis-Robert), né à Paris, élève de son père, Cabanel et Boulanger. — Rue de la Tour-d'Auvergne, 15, à Paris.

78 — *Le calvaire fleuri; — Souvenir d'Yport.*

CAUCHOIS (Henri-Victor), né à Paris, élève de M. Magnat. — Rue du Dragon, 19, à Paris.

79 — *Un vainqueur de la Bastille; — D'après M. Choppin, sculpteur.*

CÉLOS (Henri), né à Sèvres, élève de Daubigny et Jules Dupré. — Rue Le Regrattier, 28, à Paris.

80 — *L'étang de Brisemiche à Chaville.*
81 — *A Chaponval; — Seine-et-Oise.*
82 — *Le bon bock.*

CHARPENTIER (Georges-Emile), né à Paris, élève de Cormon.
— Rue Ramey, 41, à Paris.

83 — *La falaise de Granville.*
84 — *Au Pouliguen.*
85 — *Tête de loup ; — étude.*

CHARPIN (Alfred), né à Grasse (Alpes-Maritimes), élève de
Daubigny. — M. H., méd. 3e classe. — Quai Saint-Michel,
13, à Paris.

86 — *Souvenir de Sologne.*

CHAVAGNAT (Mlle Antoinette), née à Rouen (Seine-Inférieure),
élève de Mlle Cliquot et Rivoire. — 1er grand prix de la
Société des Amis des Arts à Rouen, méd. à Asnières, Boulogne, Versailles, etc.

87 — *Chrysanthèmes ; — aquarelle.*
88 — *Bégonias et glaïeuls ; — aquarelle.*
89 — *Giroflées et pensées ; — aquarelle.*

GHÉRIÉ-LIGNIÈRE (J.), né à Parme, élève de l'Académie de
Parme. — Route de Paris, 65 *bis*, à Nanterre.

90 — *Dans la plaine de Gennevilliers ; — étude.*
91 — *La Seine au Bas-Meudon ; — étude.*

CHÉRON (Olivier), né à Soulangy (Calvados), élève de
Desbrosses et Guillemet. — Rue Eugène-Flachat, 1 *bis*, à
Paris,

92 — *Laberorach ; — Finistère.*
93 — *Douarnenez.*

CLARY (Eugène), né à Paris. — M. H. 1883 (e. u.) 1889 ;
méd. 3e classe 1890. — Place Pigalle, 11, à Paris.

94 — *Repos à l'ombre.*

CLIQUOT (Mlle Antoinette), née à Pontoise, élève de Cha-
plain et R. Flandrin. — 2e méd. 1884, Versailles. — Rue
Gambetta, 3, à Nanterre.

95 — *Etude d'enfant ; — pastel.*
96 — *Portrait d'enfant ; — pastel.*

COLIN–LIBOUR (Mme URANIE), née à Paris, élève de François Rude, C.-L. Mieller, J.-F Bouvin. — M. H., Paris et (E. U.) 1889. — Passage Alfred-Stevens, 10, à Paris.

97 — *Après la guerre.*
98 — *Panier de roses.*

COMERRE (LÉON), né à Trélon (Nord), élève de Cabanel. — H. C. — Rue Ampère, 67, à Paris.

99 — *Portrait de Mlle G. C.*

CONTAL (Mlle JEANNE), née à Nancy. — Méd. bronze (E. U). — Rue de Chabrol, 71, à Paris.

100 — *Onival-sur-Mer.*
101 — *Le pêcheur.*

CORMON (FERNAND), né à Paris, élève de Cabanel et de Portaëls. — H. C. — Rue d'Aumale, 13, à Paris.

102 — *Esquisse.*

DALPAYRAT et **LESBROS**, nés à Limoges et Besançon. — Grande-Rue, 9, à Bourg-la-Reine.

103 — *Grès flammés ; — 38 pièces.*

DAMERON (EMILE-CHARLES), né à Paris, élève de Pelouse. — 3e méd. 1878, 2e méd. 1882, méd. 1889 (E. U). — H. C. — Rue Rochechouart, 38, à Paris.

104 — *Le départ pour l'Ecole ; — Poissy.*

DAMMOUSE (ALBERT). — A Sèvres, rue des Fontaines.

105 — *Grès, faïences, etc.*

DAMMOUSE (EDOUARD), né à Paris, élève de Bracquemond. — Route de la Grande-Haie, 24, à Sèvres.

106 — *Un atelier de céramiste.*

DANTAN (EDOUARD) ✳, né à Paris, élève de M. Pils. — Méd. — 3e cl. 1874, méd. 2e cl. 1880, méd. 1re cl. (E. U), 1889. — H. C. — Parc de Montretout, 1, à Saint-Cloud.

107 — *Maçons.*

DARIEN (Henri), né à Paris. — M. H. et Prix du Salon 1889. — Boulevard Saint-Michel, 113, à Paris.

108 — *Derniers rayons.*
109 — *Ferme.*
110 — *Fraises.*

DELACROIX (Henry-Eugène), né à Solesmes (Nord), élève de Cabanel., 3e méd. 1876, 2e méd. 1889. — **H. C.** — Rue de Douai, 22, à Paris.

111 — *Le soir.*
112 — *Le crépuscule.*

DELACROIX-GARNIER (Mlle Pauline), née à Paris, élève de Henry Delacroix et Jules Garnier. — Rue de Douai, 22, à Paris.

113 — *Sur la Terrasse; — à Smyrne.*
114 — *Le puits qui parle.*

DEMAY (Paul-Louis-Henri-Oscar), né à Bricquebec (Manche), élève de Cormon. — Rue Condorcet, à Paris.

115 — *Un petit coin de Villiers*
116 — *Paquebot en déchargement.*
117 — *Port d'Alger.*
118 — *Carteret (Manche); — marée basse.*

DENNERY (Gustave-Lucien), né à Paris, élève de Cormon. — M. H. — Château-Gontier (Mayenne) et rue Saint-Florentin, 10, à Paris.

119 — *Un coin de mon jardin.*
120 — *La pluie à Paris.*

DESHAYES (Charles-Félix-Édouard), né à Toulon (Var), élève de Sénéquier et Français. — Diverses médailles, officier d'Académie. — Boulevard de Clichy, 34, à Paris.

121 — *Effet de soleil couchant aux étangs de Cernay-la-ville (Seine-et-Oise).*
122 — *Sous bois; — étude.*

DESLIGNIÈRE (Marcel) ✳, né à Paris. — Médailles à diverses expositions. — Rue Faraday, 11 bis, à Paris.

123 — *Marine; — Brighton (Angleterre).*
124 — *Bords de Seine à Maisons-Laffitte.*

DESTREEZ (Jules-Constant), né à Gisors (Eure). — M. H. 1886. — Rue Cadet, 11, à Paris.

125 — *La source; — plâtre.*

DIBOUSKA, élève de Rivoire.

126 — *Fleurs; — aquarelle.*

DIDIER (Jules), né à Paris, élève de Léon Cogniet et Jules Laurens. — Prix de Rome. — **H. C.** — Rue de Javel, 88, à Paris.

127 — *Chasse au renard.*
128 — *Ravageot.*

DOMICENT (Martin), né à Ypres (Belgique, élève de l'Académie d'Anvers. — Rue de Rome, 167, à Paris.

129 à 131 — *Intérieurs de tavernes flamandes; — trois panneaux.*

DONNADIEU (Mlle Jeanne), née à Paris, élève de Feyen Perrin, Bin et H. Lévy. — M. H. — Rue Victor-Massé, 17. à Paris.

132 — *Surprise; — peinture.*
133 — *Fleur de Mai; — peinture.*
134 — *Jeune bohémienne; — pastel.*

DORNOIS (Albert), né à Sévigni (Orne), élève de Lalanne, Pelouze et Jules Lefebvre. — M. 1889 (E. U.). — Boulevard Malesherbes, 192, à Paris.

135 — *Rue de village en Lorraine; — peinture.*
136 — *Le Môle de Roscoff (Bretagne); — aquarelle.*
137 — *Villerville; — eau-forte d'après le tableau de Guillemet.*

DOUCET (Lucien), né à Paris, élève de Boulanger. — **H. C.** — Rue La Rochefoucauld, 64, à Paris.

138 — *Rêverie.*

DUCASTEL et **MICHELIN**. — Juvisy et à Paris, 115, rue de Bagnolet.

139 à 143 — *Halles pour la ville de Corbeil; — cinq plans sur châssis.*

DUFOUR (Camille), né à Paris, élève de Léon Cognet et
Ch. Jacques. — M. H. 1882, 3e méd. 1887, 2e méd. 1889
(E. U.), 2e méd. 1893. — Rue Clauzel, 5, à Paris.

144 — *Vue de Pont-d'Ain.*
145 — *L'avenue de la Gare à Pont-d'Ain.*

DUMONT (Henri-Julien), né à Beauvais, élève de Gustave
Maincent. — Rue Bochard-de-Saron, 8, à Paris.

146 — *Fleurs.*

DUMOULIN (Louis), né à Paris. — M. H. 1887.

147 — *Le quai de Bougival.* (Appartient à M. Roche).

DUPUIS (Pierre), né à Orléans, élève de MM. Horace Vernet
et Léon Cogniet. — M. M. — Rue Capron, 35, à Paris.

148 — *Une bonne nouvelle.*
149 — *Fais dodo.*

DURAND (Frédéric), né à Paris, élève de Lequein et E. Car-
lier. — M. O. (E. U) 1889, Arts libéraux. — rue Le Pele-
tier, 12, à Paris.

150 — *Le renouveau; — statuette patinée, — terre cuite.*

DURAND (Ludovic), né à Saint-Brieuc, élève de Toussaint
et Bonnat. — H. C. — Quai de Courbevoie, 41, à Courbevoie.

151 — *La Caresse; — groupe, terre cuite.*

DURIEZ (Édouard-Charles-Louis), né à Paris, élève de son
père et de A. Rubé. — Avenue du Chemin-de-Fer, 94, à
Rueil.

152 — *Le repas interrompu.*
153 — *Le portrait de Jacquot*
154 — *Etude de chrysanthèmes.*

Mlle DUSSEUIL (Léonie), née à Nancy, méd. à Langres, Nancy.
— Rue Vavin, 10 *bis*, à Paris.

155 — *Jeune Bretonne; — pastel.*
156 — *Jeune fille en méditation; — pastel.*

EUDES DE GUIMARD (Louis), né à Argentan (Orne, élève de
Léon Cogniet. — M. H. — Rue Poussin, 2, à Paris.

157 — *Chrysanthèmes.*

FIRNHABER (Mlle Élise), né à Lyon, élève de Jules Lefebvre
et Benjamin-Constant. — Boulevard de Clichy, 130 *ter*,
à Paris.

158 — *Au bord de l'eau; — à Rueil.*

FLANDRIN (Paul) ✳, né à Lyon, élève de Ingres. — Méd. 3e,
2e et 1re cl. — Rue Garancière, 10, à Paris.

159 — *Un chemin creux; — aux environs de Montmorency.*

FLEURY (Mme Fanny), née à Paris, élève de Henner et
Carolus Duran. — M. H. — Rue Victor-Massé, 39 *bis*, à
Paris.

160 — *Pivoines roses*

FLUTEAU (Mlle Jeanne), née à Boussac (Creuse), élève de
Thoret et Parrot. — Avenue de Paris, 112, à Rueil.

161 — *Portrait d'enfant; — fusain.*
162 — *Tête de moine; — peinture.*

FOUBERT (Émile-Louis), né à Paris, élève de Bonnat et
Busson. — **H. C.** — Cité Malesherbes, 20, à Paris.

163 — *Cour de la ferme de Vétheuil.*

FRANÇAIS (François-Louis), né à Plombières, élève de
Corot et Gigoux. — Membre de l'Institut. — **H. C.** — Boulevard Montparnasse, 139, à Paris.

164 — *Vue de la Sèvre; — à Clisson.*

FRANCIN (Mme Marie-Clémentine), née à Paris, élève de
Allongé et Debat-Ponsan. — M. H. — Salon Blanc et Noir.
— Avenue des Ternes, à Paris.

165 — *Chemin breton; — aquarelle.*
166 — *Près la Simonnais; — aquarelle.*

FRÈRE (Charles-Édouard), né à Paris, élève de Couture et
de Ed. Frère. — M. H. 1882, méd. 1883 et 1889. —
H. C. — Rue Rochechouart, 57 *bis*, à Paris.

167 — *Le départ; — peinture.*
168 — *Maréchalerie.*
169 — *L'évadé.*

GAGNEAU (Léon), né à Paris, élève de Pils, Lehmann et J. Lefèvre. — 3ᵉ méd. — Avenue Trudaine, 33, à Paris.

170 — *Liseuse.*

GENDRIER (Mᵐᵉ Marie).

171 — *Buste.*

GÉROME (Jean-Léon), C. ❊, né à Vesoul, élève de Paul Delaroche. — Méd. 3ᵉ cl. 1847, 2ᵉ cl., 1848 et 1855 (E. U.), méd. d'honneur 1867, méd. 2ᵉ cl. 1878 (E. U.). 1ʳᵉ cl. 1881, membre de l'Institut 1865. — Boulevard de Clichy, 65, à Paris.

172 — *La poursuite.*

GHIELMETTI (Angelo), né à Milan, élève de Véla. — Rue Bélidor, 7, à Paris.

173 — *L'instinct maternel; — marbre.*

GOBIN (Charles-Constant), né à Paris. — Avenue du Chemin-de-Fer, 78 *ter*, à Rueil.

174 — *Paysage.*

GONDREXON (Paul), né à Charleville. — M. H. Versailles. — Rue des Ecoles, 10, à Charleville.

175 — *Solitude.*
176 — *Retour des champs.*

GOUPIL (Mˡˡᵉ Anita), née à Paris, élève de J. Lefebvre et J.-P. Laurens. — Rue Meslay, 24, à Paris.

177 — *Type de Boulonnaise.*
178 — *Pointe de l'île de Migneaux; — Poissy.*

GRÜN (Jules-Alexandre), né à Paris, élève de Guillemet et Lavastre. — Rue d'Orsel, 48, à Paris.

179 — *Les pivoines.*
180 — *Roses.*

GUÉRIN (Prosper), né à Paris, élève de Flandrin. — Méd. 1867. — Rue Blottière, 11, à Paris.

181 — *La prison de Jeanne d'Arc.*
182 — *Cendrillon.*
183 — *Moissonneuse.*

GUÉRY (Armand), né à Reims (Marne), élève de Rigon. — M. H. 1885. — Méd. 3ᵉ cl. 1891. — Prix de Kaigecourt-Goyon, paysage 1890.—Pont-Givart par Bourgogne (Marne).

184 — *Champ de navettes ; — Auménaucourt (Nord).*

185 — *Dans les champs ; — cadre renfermant quatre panneaux, pris sur peinture à Orainville-sur-Suippe (Aisne).*

GUILLEMET (Antoine) ✳, né à Chantilly (Oise). — **H. C.** — Rue Clauzel, 6, à Paris.

186 — *Bords du Loing.*

GUILLON (Adolphe-Irénée), né à Paris, élève de MM. Jules Noël et Cleyre, — **H. C.** — Rue Duperré, 9, à Paris, à Vézelay (Yonne).

187 — *Nuit d'hiver à Cannes.*
188 — *Clair de lune à Menton.*

Mˡˡᵉ **GUZEL** (Irène) née à Constantinople, élève de Mˡˡᵉ Nelly Brun. — Rue du Général-Foy, 8, à Paris.

189 — *Roses, peinture.*

HAQUETTE (Georges), né à Paris, élève de Cabanel et J.-P. Laurens. — Méd. 3ᵉ cl. 1880. — Rue Emile-Allez, 5, aux Ternes, à Paris.

190 — *Le maître de jetée.*

(Appartient à M. Louis Prétet.)

HÉBERT (Paulin), né à Paris, élève de M. Dupuis. — Rue Fourcroy, 4, à Paris.

191 — *Petit mousse.*
192 — *Coin de ferme.*
193 — *Cour de ferme.*

HENNER (Jean-Jacques) O. ✳, né à Bernviller (Alsace), membre de l'Institut, élève de Dröllin et de Picot. — **H. C.** — Place Pigalle, 11, à Paris.

194 — *Portrait de Mᵐᵉ X.*
195 — *Etude du Saint-Sébastien.*
196 — *Dormeuse.*
197 — *Religieuse.*

HERMAN (Mlle L.), née à Paris, élève de Mlle Voruz et
Mme Mazeline. — Boulevard Malesherbes, 154, à Paris.

198 — *Chrysanthèmes ; — aquarelle.*
199 — *Quelques violettes ; — aquarelle.*

IBELS (Henri-Gabriel), né à Paris. — Rue de Chabrol, 12, à
Paris.

200 — *L'Amour s'amuse ; — pastel.*
201 — *L'Oubliée ; — pastel.*
202 — *Original d'un programme du Théâtre Libre.*

JEANNIN (Georges), né à Paris. — M. H. 1876, Méd 3e cl. 1878,
2e cl. 1888 (e. u.) 1889. — **H. C.** — Rue des Dames, 32, à Paris.

203 — *Fleurs, bouquet de roses.*
204 — *Fruits, cerises et fraises.*

JOUBERT (Léon), né à Quimper, élève de L.-G. Pelouze.
M. H. 1884, Méd. 3e cl. 1889, Méd. (e. u.)—Rue Fontaine,
38 *bis*, à Paris.

205 — *La Colisée vu du Palatin.*
206 — *Le Capitole vu du Palatin.*
207 — *Un canal à Venise.*

JOUFFROY (Mlle Marthe de), née à Paris, élève de Pal-
landre et Mélicourt. — Amiens, Versailles, 1889. — Béziers
1892. — Rue Demours, 2, à Paris.

208 — *Un bouquet de fleurs.*

JOURDAIN (Roger-Joseph), né à Louviers (Eure).—Méd. 3e cl.
1879. — 2e cl. 1881. — Méd. arg. 1889, (e.u.)— **H. C.**

209 — *Paysage.*

JOURDEUIL (Adrien), né à Saint-Pétersbourg (Russie), élève
de Bonnat, Bougereau et Fleury. — M. H. 1885. — Méd.
3e cl. 1888. — M. H. (e.u.) — Passage Saulnier, 6, à
Paris.

210 — *Chemin au bord de la Seine ; — peinture.*

JULLIEN (Mlle Cécile). — Avenue Daumesnil, 61, à Paris.

211 — *Portrait de M. A. J.; — lithographie originale.*

KARBOWSKY (Adrien), né à Paris. — Rue d'Armaillé, 13, à Paris.

212 — *Coin de village.*

KRIEGER, DAMAN et **COLLIN** (Maison). — A Paris, rue du Faubourg-Saint-Antoine, 74.

213 — *Meubles d'art.*

LA FIZELIÈRE (Mlle Marthe de), née à Paris, élève de Ch. Colas. — Boulevard du Temple, 39, à Paris.

214 — *Roméo (petit buste) ; — bronze.*
215 — *Sourd-Muet (étude) ; — peinture.*
216 — *Fabiola (bas-relief) ; — bronze.*

LAMIRAL (Jules-Lucien), né à Briennon-sur-Armançon. — Rue Jouffroy, 38, à Paris.

217 — *Villa à Fécamp.*
218 — *Villa près l'asile de Vaucluse.*

LAMY (P.-Franc), né à Clermont-Ferrand, élève de MM. Pils et Gérôme. — M. H. 1887, Méd. 3e cl. 1888, M. H. (e.u.) 1889, Méd. 2e cl. 1890. — **H. C.** — Rue Brunel, 18, à Paris.

219 — *Badinage ; — peinture.*

LANSYER (Emmanuel) ✳, né à Ile-de-Bouin (Vendée), élève de Viollet-le-Duc, Courbet et Harpignies. — Méd. 1865, 1869 ; 1873. Membre du Jury 1881-1889. — **H. C.** — Quai de Bourbon, 29, à Paris.

220 — *Bords de l'Indre, à Loches.*
221 — *Vieille maison, à Menton.*
222 — *La mer, à Douarnenez.*

LAROCHE (Armand), né à Saint-Cyr-l'école (Seine-et-Oise), élève de Drölling et Wachsmuth. — 3me méd. 1888, méd. bronze — **H. C.** — Boulevard de Clichy, 11, à Paris.

223 — *Pêcheuses de moules, à Boulogne-sur-Mer.*
224 — *Pêcheuse de moule, à Boulogne-sur-Mer.*

LAURENS (Jean-Paul) O. ✳, né à Fourquevaux, membre de l'Institut, élève de Cogniet et Béda. — **H. C.** — Rue Notre-Damé-des-Champs, 73, à Paris.

225 — *Jeune femme.*

LEFEBVRE (Jules-Joseph) O. ✿, né à Tournau (Seine-et-Marne), élève de Cogniet, membre de l'Institut. — **H. C.** — Rue de La Bruyère, 5, à Paris.

226 — *Griselidis.*

LEJEUNE (Auguste), né à Tourouvre (Orne). — avenue des Ternes, 81, Paris.

227 — *Bords de l'Orne.*
228 — *Tourouvre.*

LEMAIRE (Louis), né à Paris, élève de Jules Dupré, — 3me méd. — M. H. 1889 (e. u.). — Rue Rochechouart, 67, à Paris.

229 — *Au printemps, à la Ferté-sous-Jouarre.*
230 — *Roses diverses sur une pierre.*

LE MORE (Paul-Richard), né à Caen (Calvados), élève de Couture. — Rue de Clichy, 60, à Paris.

231 — *Une visite à la ferme.*
232 — *Chevaux en liberté.*

LE ROUX (Constantin), né à Paris. — 3^{mc} méd. 1892 — Rue Hégésippe-Moreau, 15, à Paris.

233 — *Tête ; — étude.*
234 — *La petite laveuse.*

LE ROUX (Mlle Laura), née à Dun (Meuse), élève de son père, de Henner et de J. Lefebvre. — Rue Lemercier, 26, à Paris.

235 — *Le catéchisme.*

LE ROY d'ETIOLLES (Mme Helen), née à Londres, de parents français, élève de Benjamin-Constant. — 3me méd. 1890 — Rue de la Terrasse, 3 (Parc-Monceau).

236 — *Vue de Saint-Valery.*
237 — *La lecture.*

LIGNIER (James), né à Aignay-le-Duc (Côte-d'Or), élève de Cabanel. — M. H. 1883 (e. u.), 1889. — Boulevard du Montparnasse, 152, à Paris.

238 — *Breton sous une porte.*
239 — *Bretonne dans une église.*
240 — *Paysan faisant des galoches.*

LILIAU (Monace), né à Mulhouse, élève de Rivoise. — Avenue Victor-Hugo, à Paris.

241 — *Roses ; — aquarelle.*
242 — *Iris ; — aquarelle.*

LE VILLAIN, né à Paris, élève de Guiaud. — Méd. bronze (E. U.). — Rue Alphonse-de-Neuville, 30, à Paris.

243 — *Commencement de moisson.*
244 — *Floraison d'août.*
245 — *Sur la dune, à Houlgate.*

LINTELO (Constantin), né à Lokeren (Belgique). — A Champigny (Seine).

246 — *Souvenirs et regrets.*
247 — *Une botte d'asperges.*

LIOT (Paul), né à Paris, élève de Guillemet. — (M. H.). 1880 — Rue Saint-Georges, 41, à Paris.

248 — *Bords de la Seine.*
249 — *Marée basse ; — environs de Granville.*

LUMINAIS (Evariste-Vital) chevalier de la Légion d'honneur, né à Nantes, élève de Cogniet et Troyon. — **H. C.** — Rue Spontini, 43, à Paris.

250 — *Mort de Chram, dessin.*

MAGNAT (Marius-Joseph), né à Livron (Drôme). — A Rueil, rue des Ormes, 19.

251 — *Paysage.*

MAIGNAN (Albert), ✳, né à Beaumont (Sarthe). — **H. C.** — Rue de La Bruyère, à Paris.

252 — *Saint-Georges.*

MAINCENT (Gustave), né à Paris, élève de Pils et Cabasson. — **H. C.** — Avenue du Chemin-de-Fer, 95, à Rueil.

253 — *Décembre aux environs de Paris.*
254 — *Bougival.* (Appartient à M. Crosnier.)
255 — *Paysage.* (Appartient à M. Crosnier.)

MANGE (Joseph-Julien), né à Toulon (Var), élève de J.-P. Laurens et Benjamin-Constant. — Rue Mouge, 5, à Paris.

256 — *Premiers chysanthèmes.*
257 — *Danseuse dans sa loge.*
258 — *Nuque de femme.*

MANGEANT (Paul-Emile), né à Paris, élève de Guérin et Etex, — Méd. 1882 (e. u.) 1889. — Avenue de Paris, 104, à Versailles.

259 — *Automne.*

MANUFACTURE NATIONALE DE SÈVRES. — Les artistes.

260 — *Une vitrine renfermant 14 assiettes, 1 grand plat, 1 paire de vases, 1 gourde, 1 plat grand, porcelaine dure.*

MANUFACTURE ROYALE DE COPENHAGUE. —Les Artistes. — Avenue de l'Opéra, 38, à Paris.

261 — *Vases plats et objets divers en porcelaine décorée au grand feu de four.*

MARÉCHAL (Paul), né à Lyon, élève de Cormont et Cagniart. M. H. — Versailles 1887. —Rue Caulaincourt, 8, à Paris.

262 — *Les anciennes sablières de Rueil.*
263 — *La Bièvre près Paris; — en novembre.*

MARIE (Raoul-Edmond), né à Paris, élève de Gérôme. — Rue de Mesmer, 18, àBougival.

264 — *Gardeuse de dindons; — peinture.*
265 — *Ile de Bougival; — peinture.*
266 — *Portrait de M. Roche; — fusain.*

MARTIN (Henri-Jean-Guillaume), né à Toulouse, élève de J.-P. Laurens. — 1re méd. — **H. C.** — Rue Denfert-Rochereau, 89, à Paris.

267 — *Mélancolie.*
268 — *Etude.*

MAZURE (JULES), né à Braisne (Aisne), élève de Corot.—Méd. de 2e cl., 1881 (E. U.), 1889. — **H. C.** — Boulevard Montparnasse, 152, à Paris.

269 — *Marine; — mer agitée.*
270 — — — *effet de soleil.*

MESPLÈS (PAUL-EUGÈNE), né à Paris, élève de Gérôme. — M. H. — Rue Clausel, 29, à Paris.

271 — *Adagio.*
272 — *Entrée de sujets.*
273 — *Etoile errante..*

MOLLIET (Mlle CLÉMENCE), née à Castelueau-de-Médoc (Gironde), élève de Louise Bresleau et Tony Robert-Fleury. Méd. argent à Tours. — Rue du Dragon, 13, à Paris.

274 — *Un massif de chrysanthèmes.*

MOUSSARD (A.), élève de Boëtzel. — Boulevard de Clichy, 34, à Paris

275 — *Vue du Pont de l'Archevêché.*

MOUSSY (Mlle LÉONIE), née à Paris, élève de Mme Brionneau-Dupré. — Rue de La Bruyère, 49, à Paris.

276 — *Œillets; — aquarelle.*

MOUSSY (Mlle RITA), née à Paris, élève de Mme Brionneau-Dupré.—Rue de La Bruyère, 49, à Paris.

277 — *Iris; — faïence.*

MONGINOT (CHARLES), né à Brienne-le-Château (Aube), élève de Couture. — **H. C.** — Rue d'Assas, 84, à Paris.

278 — *Un coq.*
279 — *Un impressionniste.*

MORLOT (ALEXIS-ALPHONSE), né à Isômes (Haute-Marne), élève de Corot et Henner. — **H. C.** — 18, rue de Chabrol, à Paris.

280 — *Une rue de Clamart; — aquarelle.*
281 — *Un coin de rivière; — Haute-Saône; — Aquarelle.*

MURATON (Louis), né à Tours, élève de Cabanel, Bonnet et Cormon. —M. 1889.— Rue Hégésippe-Moreau, 15, à Paris.

282 — *A la fenêtre,*

NAUERT (C.), élève de Gérôme et Gautier. — A Paris, rue Legendre, 62.

283 — *A sa toilette.*   (Appartient à M. F...).
284 — *Au piano; — (étude).*

NEYMARK (Gustave), né à Poitiers, élève de Bonnat. — M. H. — Rue Rochechouart, 67, à Paris.

285 — *Devant l'Opéra.*
286 — *Qui vive !*

NICOLAS(Mme Marie-Joséphine), née à Villers-Cotterets (Aisne), élève de Charpentier. — Rue d'Aumale, 15, à Paris.

287 — *Les cerises.*

NOZAL (Alexandre), né à Paris, élève de Luminais. — **H. C.** — Quai de Passy, 7.

288 — *La Dive à mer basse à Beuzeval; — peinture.*
289 — *La Seine au Bas-Meudon; — peinture.*
290 — *Meule dans les champs, à Trappes; — pastel.*

OLIVE (Jean-Baptiste), né à Marseille, élève de Antoine Vollon. — Méd. 1885. — 2e méd. 1886. — **H. C.** — Rue de Douai, 65, à Paris.

291 — *Marine à Beaulieu.*

PARIS (Camille), né à Paris, élève de Ary Scheffer et Picot. — **H. C.** — Rue Vintimille, 16, à Paris.

292 — *Bœufs charolais ; — peinture.*

PAYER (Octave), né à Paris, élève de Cabanel, Delaunay et Gustave Moreau. — Rue de l'Université, 94, à Paris.

293 — *Portrait de M. C...*
294 — *Portrait de M. J...*

PÉLISSIER RONDEST et **TURPIN**. — A Rueil.

295 — *Plan en relief de la ville de Rueil.*

PÉRAIRE (Paul), né à Bordeaux, élève de Luminais. — Méd. 3e cl. 1880; Gand, 1re cl. 1878; Nice, 2e cl. 1881.— Rue Lepic, 46, à Paris.

296   *Coucher de soleil à Rangiport.*

297 — *Le Gibouin à Rangiport.*

298 — *Une rue à Dordrecht (Hollande).*

PÉRATÉ (Mlle Térésa), élève de Maillard, Mlles Fanny Chéron et Jeanne Lapointe. — Rue de Delaborde, 44, à Paris.

299 — *Chrysanthèmes.*

PEROCHE (Alphonse-Henri, né à Noger t-les-Vierges (Oise), élève de Douillard et Questel. — Méd. (e. u.) 1889. — Architecte de la ville de Creil.

300 — *Projet d'hôtel de ville de Vernon.*

PETITJEAN (Edmond) ✳, né à Neufchâteau (Vosges). — M. H. 1881, 3e méd. 1884, 2e méd. 1885, méd. argent (e. u.) 1889.

301 — *Bords de la Seine près Maisons-Laffitte, au printemps.*

PEZANT (Aymar), né à Bayeux (Calvados), élève de Vuillefroy. M. H. 1883, méd. 3e cl. 1888, M. H. 1889 (e. u.), méd. 2e cl. 1890. — H. C. — Rue du Delta, 19, à Paris.

302 — *Matinée d'hiver.*

PICARD (Mme E.), élève de Cogniet et de Rudder.— A Paris, rue Trumeau, 16.

303 — *Portrait du R.-P. L...*

304 — *Portrait; — pastel.*

PIOT (Ernest), né à Paris, élève de Bergeret. — Boulevard Pereire, 71, à Paris.

305 — *Table d'un académicien.*

306 — *Grève de Partereux.*

PLESSIS (Mlle Louise-A. du), né à Trinidad, élève de Saintpierre. — Prix aux Beaux-Arts de Marseille. — Rue Bara, 5.

307 — *Fleurs; — aquarelle.*

POIRIER (Paul), né à Paris, élève de Lequien et de Cormon.
— Rue Rodier, 62, à Paris.

308 — *Fleurs de printemps.*

POMEY (Mlle Thérèse), née à Paris, élève de Pomey (Louis),
son père. — **H. C.** — Boulevard Lannes, 39, à Paris.

309 — *La convalescente.*

POMEY (Louis), né à Paris, élève de Florens Willems. —
M. H. (E. U.). — Boulevard Lannes, 39, à Paris.

310 — *La rose.*

PRESSEQ (Henri-René, né à Montauban (Tarn-et-Garonne),
élève de Debat-Ponsan, Gervex et Humbert. — Boulevard
Suchet, 53 *bis,* à Paris.

311 — *Barque échouée.*
312 — *Lac de la Négresse à Biarritz.*

PRÉVOST-ROQUEPLAN (Mme Camille), né à Mallemort, élève
de Ed. Charlemont. — M. H., méd. 3e cl. — Rue de Vaugi-
rard, à Paris.

313 — *Le jour de l'an.*

PRÉVOT-VALÉRI (Auguste), né à Villeneuve-sur-Yonne, élève
de Guillemet et J. Lefebvre. — M. H. — Rue Aumont-
Thiéville, 6, à Paris.

314 — *Bords du Morin.*
315 — *Paysage.*

PROUST (Mlle Alice), né à Paris, élève de Jules Lefebvre et
Robert Fleury. — Boulevard du Sud-Ouest, 2 *bis*, à Nanterre.

316 — *Fleurs; — pastel.*

RAULT (Louis), à Marlotte (Seine-et-Marne).

317 — *Les cinq sens; — cire.*

RAVANNE (Gustave), né à Meulan (Seine-et-Oise), élève de Bonnat et Cormon. — M. H. 1887, méd. br. (e. u.) 1889. — Rue Cauchois, 3, à Paris.

318 — *Bateaux de course à l'ancre.*
319 — *Bords de la Seine à Meulan.*
320 — *Pleine mer au couchant.*

RÉALIER-DUMAS (Maurice), né à Paris, élève de Gérôme. — M. H. 1886 et (e. u.). 1889 — Rue d'Epremesnil, 1, à Chatou.

321 — *Jeune fille lisant.*
322 — *Le souk des cordonniers à Tunis.*
323 — *Une rue à Tunis.*

RENARD-BRAULT (Henri-Constantin), né à Sèvres, élève de Jean-Paul Laurens et Gober. — M. H., méd. à Versailles. — Rue Charbonnières, à Sèvres.

324 — *Noël; — première désillusion.*

REUCHÉ (Mme Marie), né à Champigny, élève de Mlle Bourgeon, — Grande-Rue, 59, à Champigny.

325 — *Bourriche de pensées; — aquarelle.*

REY (Mme Rita), née à Cramoisy (Oise), élève de Henri Delacroix et Edouard Sain. — 2e méd. Beauvais 1885. — Rue Pascal, 30, à Nanterre.

326 — *Nature morte.*
327 — *Lilas.*
328 — *Soleils.*

REYEN (A.). — Boulevard Solférino, 17, à Rueil.

329 — *Vase; — Clématite sur fond bleuté.*
330 — *Vase méplat; — Iris et chrysanthème sur fond agate.*
331 — *Vase brun; — Avoine et papillon sur fond granité.*

REYNAUD (François), né à Marseille, élève de E. Loubon. — H. C. — Rue Poncelet, 19, à Paris.

332 — *Joueurs de boules.*

RIGOLOT (Albert-Gabriel), né à Paris, élève de Pelouse. — M. H. 1889, 3e méd. 1891, 2e méd. 1892. — **H. C.** — Rue de la Grande-Chaumière, 16, à Paris.

333 — *Sainte-Maxime-sur-Mer.*

334 — *Le soir ; — Mare aux fées ; — à Fontainebleau.*

RIVOIRE (François), né à Lyon. — M. H. 1883, méd. 3e cl. 1886, méd. bronze (E. U.). — **H. C.** — Rue Fontaine, 19 *bis*, à Paris.

335 — *Roses et géraniums ; — aquarelle.*

336 — *Roses ; — aquarelle.*

ROGER-JOURDAIN ✳, né à Louviers (Eure), élève de Cabanel. — 3e méd. 1879, 2e méd. 1881, méd. argent. — Rue Eugène-Flachat, 22, à Paris.

337 — *Le vieux pêcheur ; — Andresy.*

ROLL (Alfred-Philippe) O. ✳, né à Paris. — **H. C.** — Membre fondateur de la Société Nationale des Beaux-Arts.

338 — *Printemps ; — en Normandie.*

339 — *Etude ; — au Bassin de Neptune ; — pour le tableau « Le Centenaire ».*

ROMANI (Mlle Juana), née à Villetri (Italie), élève de Roybet et de Henner. — **H. C.** — Rue de la Tour, 96 *bis*, à Paris.

340 — *Une Vénitienne.*

ROUBY (Alfred), né à Paris, élève de Beyle. — Rue Bréda, 13, à Paris.

341 — *Pivoines.*

342 — *Azalées et violettes.*

343 — *Lilas.*

ROUGELET (Bénédict), né à Tournus (Saône-et-Loire), élève de Duret. — 2 ment. 1887 et 1889 (E. U.), 3e méd. 1892. — Rue du Faubourg-Saint-Honoré, 233-235, à Paris.

344 — *Passe-passe ; — groupe ; — terre cuite.*

345 — *As-pas-peur ; — —*

346 — *Petit malin ; — statuette.*

ROULLEAU (Jules-Pierre) ✽, né à Libourne (Gironde), élève de Cavalier et Barrias. — **H. C.** — Faubourg Saint-Honoré, 233, à Paris.

347 — *La victoire; — bronze.*

348 — *La femme résiste au temps.*

349 — *Gambetta; — statuette argentée.*

ROUSSIN (Georges), né à Saint-Denis (Ile de la Réunion), élève de Cabanel et d'Aimé Millet.—M. H. 1889. — Rue du Faubourg-Saint-Honoré, 235, à Paris.

350 — *Portrait de Mme G. R.*

351 — *Portrait de Mlle E. B.*

ROYBET (Ferdinand) ✽, né à Uzès (Gard). — Méd. d'honneur, 1893. — **H. C.** — Rue du Mont-Thabor, 24, à Paris.

352 — *Portrait.*

ROZIER (Dominique), né à Paris, élève de Vollon. — Méd. 3e cl. 1876, méd. 2e cl. 1880, méd. br. 1889, **H. C.** — Boulevard de Clichy, 34, à Paris.

353 — *Roses roses.*

354 — *Roses roses, jaunes et pavots.*

SAINTPIERRE (Gaston-Casimir) ✽, né à Nîmes (Gard), élève de L. Cogniet et Ch. Jalabert. — Méd. 1868, 2e cl. 1879. — **H. C.** — Avenue Wagram, 35, Paris.

355 — *Dormeuse.*

SANTIAGO-MERCIÉ, né à Madrid. — rue de Plaisance, 1, à Asnières.

356 — *Petite lectrice; — pastel.*

357 — *Moulin de Montmartre 1840; — gravure.*

358 — *Groupe; — chiens; — terre cuite.*

SCHEM (Mme Elisabeth), né à Paris, élève de Anna Delattre. — Route d'Aubervilliers, 6, à Pantin.

359 — *Une miniature de Mme de Parabère dans une bonbonnière.*

360 — *Une miniature princesse Dackmas; — encadrée.*

SIMONNET (LUCIEN), né à Paris, élève de Boulanger, Nozal et J. Lefèvre. — Méd. 3ᵉ cl. — Rue des Rouillis, 3, à Sèvres.

361 — *Soleil de septembre au Bas-Meudon.*

362 — *La vallée de la Malmaison; — vue de Saint-Cucufa.*

363 — *Le printemps à Sèvres.*

SCHAAN (PAUL), né à Saint-Pétersbourg, élève de Guillemet. — Rue de la Villette, 56, à Paris.

364 — *Une déclaration.*

SOULANGE (BODIN), né à Naples, élève de Cormon et Ch. Busson. — Cité Gaillard, 2, à Paris.

365 — *Bords de la mer à Biarritz.*

366 — *Rue à Carrière; — Saint-Denis.*

TOUCAS-MASSILLON (Mˡˡᵉ MARGUERITE), née à Toulon (Var). — Rue de la Montagne-Sainte-Geneviève, 20, Paris.

367 — *Dernières pivoines; — gouache.*

368 — *Branche de roses roses; — aquarelle.*

369 — *Éventail; — aquarelle.*

TOURGUENEFF (PIERRE), né à Paris, élève de Frémiet. — M. H. 1882, 1883, 1885, 1886. — Gr. Pr. (E. U.) 1889. — **H. C.** — Château du Vert-Bois, à Rueil.

370 — *Archer Charles VII; — bronze.*

371 — *La charge (statuette équestre); — bronze.*

UMBRICHT (HONORÉ), né à Obernaï (Alsace), élève de Bonnat. — Méd. d'or. M. (E. U.). — Rue Lemercier, 30, Paris.

372 — *Souvenir d'Orient.*

373 — *Le pont des Fées (Vosges).*

VARLET (AUGUSTE-VICTOR), né à Paris, élève de Pils et Daubigny. — Méd. bronze Boulogne. — Rue du Châtelet, 21, à Fontenay sous-Bois.

374 — *Une rue au Caire.*

VAUTHIER (PIERRE-LOUIS), né à Pernambouc (Brésil), élève de Maxime Lalanne. — Méd. 3ᵉ cl. 1887; méd. 2ᵉ cl. 1892. — **H. C.** — Rue Spontini, 41, Paris.

375 — *Sur la Byne, à Newcastle.*

376 — *A la fête de Nanterre.*

377 — *Dans le port de Royan.*

VOYEZ (Emile), né à Paris, élève de Guillaume Cavalier. — M. H. 1875 ; méd. 3e cl. 1881.

378 — *Médaillon d'enfant ; — marbre.*

VIALA (Eugène), né à Salles-Curan (Aveyron). — Avenue des Ternes, 81, Paris.

379 — *Paris ; — aquarelle.*

380 — *Eté ; — aquarelle.*

VILLEBESSEYX (Mme Jenny), née à Lyon, élève de Aimé Millet et de Ph. Rousseau. — M. H. (e. u.) 1889. — Rue Victor-Massé, 26, Paris.

381 — *Au temps des roses.*

VOLLET (Henri), né à Champigny (Seine), élève de M. Cormon. — M. H. 1888. — Rue du Faubourg-Saint-Honoré, 170, Paris.

382 — *Le Musée du Trocadéro pendant l'Exposition universelle de 1889.*

WEBER (Théodore), né à Leipzig (naturalisé Français). — Méd. et M. H. Paris, Londres, Philadelphie, La Haye. — Rue des Martyrs, 37, Paris.

383 — *Bateau de Gravelines.*

384 — *Grand Fort-Philippe, près Gravelines.*

WENCKER (Joseph) ✳, né à Strasbourg, élève de Gérôme. — Prix de Rome 1876 ; Méd. 2e cl. 1877 ; méd. or 1889 (e. u.). — H. C. — Rue Ballu, 6, Paris.

385 — *Etude ; — jeune fille.*

YON (Edmond-Charles) ✳, né à Paris, élève de Lequien. — 3e méd. 1875 ; 2e méd. 1878. — H. C. — Rue des Acacias, 37, à Paris.

386 — *Chaumières, à Camiers-sur-Mer (Pas-de-Calais).*

ZAMOR (Emmanuel-Hubert), né à San-Salvador, élève de Berton et Guilmard. — Rue Saint-Gilles, 15, Paris.

387 — *Le pont de Créteil.*

Paris. — Imp. Paul Dupont, 4, rue du Bouloi (Cl.) 531.6.93.

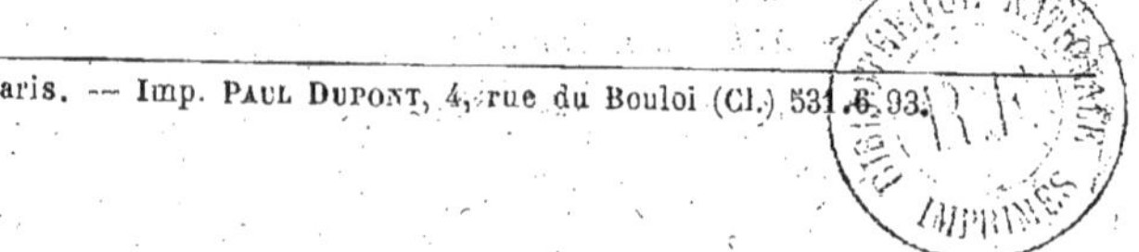